Une introduction pratique, basée sur des projets, à la programmation Python.

Contenu

4

Réclamation pour droits d'auteur

Ce livre est la propriété du professeur Touceef, qui travaille comme professeur adjoint à l'Associated College.

Avant

Décrivez Python.

Python est un langage de cloud computing généraliste bien connu avec une large gamme d'applications. Ses structures de données de haut niveau, son typage dynamique, sa liaison de variables et une variété d'autres fonctionnalités le rendent idéal à la fois pour les scripts, ou « code de colle » qui relie les composants, et pour la création de programmes sophistiqués. De plus, il pourrait être étendu pour permettre à pratiquement n'importe quel système d'exploitation d'exécuter des applications C ou C++ et d'appeler des fonctions système. Python est un langage à usage général qui peut être utilisé dans un large éventail d'applications et est compatible avec presque toutes les architectures système.

Python est un langage de programmation interprétatif orienté objet. Les fonctionnalités répertoriées incluent les classes, le typage dynamique, les types de données dynamiques de très haut niveau, les exceptions, les modules et la gestion des exceptions.

Le Python Packaging Index (PyPI) héberge des centaines de modules tiers pour le langage informatique. Par exemple, Django est un standard bien connu pour le développement Web, tandis que NumPy, Pandas et Mathplotlib sont des standards bien connus pour l'exploration de données.

Histoire de Python

Python, langage de programmation généraliste de haut niveau populaire. Il a d'abord été développé par Guido van Rossum, puis par la Python Software Foundation. En mettant l'accent sur la lisibilité du code, les programmeurs peuvent transmettre des idées en utilisant la syntaxe et moins de lignes de code.

Ce serait à la fin des années 1980 que l'histoire serait écrite. C'est à ce stade que le développement de Python a commencé. Peu de temps après, en décembre 1989, Guido Van Rossum a commencé à travailler sur des projets basés sur des applications au Dutch Centrum Wiskunde & Informatics (CWI). Il a d'abord commencé comme un projet de passe-temps parce qu'il cherchait quelque chose de divertissant à faire pendant les vacances. Le langage de programmation ABC, dont la supériorité est attribuée à Python, incluait la gestion des exceptions et interagissait avec le système d'exploitation Amoeba. Plus tôt dans sa carrière, il a contribué à la création d'ABC. Même s'il avait constaté certains problèmes avec ABC, il appréciait généralement les fonctionnalités. L'action suivante qu'il a entreprise était en fait assez intelligente. Il avait inclus certains des éléments et de la syntaxe utiles d'ABC. Il a abordé ces problèmes de manière globale et a développé un langage de script puissant et sans bug, sur la base des commentaires qu'il a reçus. Il l'a nommé Python parce qu'il était un grand fan de l'émission de télévision de la BBC

Monty Python's Flying Circus et qu'il voulait un nom accrocheur, accrocheur et quelque peu intrigant pour son invention. Jusqu'à sa démission de la tête de l'État le 12 juillet 2018, il a présidé le pays en tant que « Dictateur bienveillant pour la vie » (BDFL). Il a travaillé pour Google pendant un certain temps, mais il travaille maintenant pour Dropbox. La langue a finalement été publiée en 1991. Par rapport à Java, C++ et C, beaucoup moins de code était nécessaire pour décrire les concepts lors de sa première publication. Sa philosophie de conception était également extrêmement solide. Ses principaux objectifs sont d'améliorer l'efficacité des développeurs et la lisibilité du code. Lorsqu'il a été introduit pour la première fois, il disposait de suffisamment de puissance pour fournir aux classes l'héritage, un certain nombre de types de données de base, la gestion des exceptions et des fonctionnalités.

Intégration de Python dans Windows

Python peut être installé sur un ordinateur Windows de différentes manières. Les choix que nous explorerons dans cette leçon sont répertoriés ci-dessous :

L'installation de Python directement à partir du Microsoft Store est une alternative simple et rapide qui vous permettra d'utiliser Python en un rien de temps. Les débutants qui souhaitent utiliser Python sur leur ordinateur à des fins d'apprentissage le trouveront extrêmement utile.

Téléchargement direct de Python, étendu depuis le site Web Python : Cette approche vous donne un meilleur contrôle sur le processus d'installation et vous permet de personnaliser votre installation.

Installez Python à l'aide d'une distribution Anaconda : une installation Python populaire appelée Anaconda contient de nombreux outils et packages préinstallés, ce qui en fait un choix approprié pour le calcul scientifique et la recherche de données.

Quelle que soit l'approche que vous choisissez, il ne faudra pas longtemps pour que Python s'exécute sur votre ordinateur Windows. Parfois, Python est préinstallé sur votre ordinateur. Comment vérifier si Python est installé sur votre ordinateur Windows.

15

Identifier les installations Python sur les machines Windows

Le menu Démarrer et le terminal peuvent être utilisés pour accéder à Python.

Vous pouvez utiliser Terminal pour vérifier si Python est configuré sur votre ordinateur Windows en suivant ces étapes :

Ouvrez un programme en ligne de commande, tel que B. l'invite de commande (valeur par défaut dans Windows 10 ou Windows 11) ou le terminal Windows.

« Python » doit être tapé sur la ligne de commande. Lorsque Python est configuré, un message similaire à « Python 3.xx » devrait apparaître, suivi de l'invite Python affichée sous la forme « >>> ». Notez que le

numéro de version de Python est «
3.xx ».

Vous serez immédiatement redirigé
vers l'installation de Python dans le
Microsoft Store si Python n'est pas
déjà installé sur votre ordinateur.
Veuillez noter que Python peut ne
pas être mis à jour sur la page que
vous visitez.

Configurer Python
Ouvrez le package téléchargé pour
démarrer l'installation.

Accepter l'emplacement
d'installation par défaut est sûr et
ajouter Python à PATH est essentiel.
Les applications Python qui
nécessitent Python pour
fonctionner ne sauront pas où il se
trouve à moins que vous ne

l'ajoutiez à votre variable d'environnement PATH. Avant de continuer, cochez cette option en bas de la fenêtre d'installation car elle n'est pas encore sélectionnée. Vous devez donner votre consentement à Windows avant de pouvoir installer une application provenant d'un éditeur autre que Microsoft. Si vous y êtes invité dans Contrôle de compte d'utilisateur, cliquez sur Oui.

Lorsque Windows a fini de distribuer les fichiers du package Python aux emplacements appropriés, attendez patiemment la fin du processus. À ce stade, l'installation de Python est terminée.

Il est temps de s'amuser.

Configurer un IDE

Bien qu'un éditeur de texte soit réellement tout ce dont vous avez besoin pour créer des programmes Python, un environnement de développement intégré (IDE) est utile. Un éditeur de texte avec plusieurs fonctionnalités Python conviviales et pratiques intégrées dans un IDE. Deux excellentes options open source à considérer sont IDLE 3 et Pycharm (Community Edition).

RALENTI 3

Un IDE appelé IDLE est inclus avec Python. Vous pouvez écrire du code dans n'importe quel éditeur de texte, mais avec un IDE, vous avez accès à des fonctionnalités telles que la mise en évidence de mots clés pour vous aider à repérer les erreurs, un bouton Exécuter pour tester rapidement et facilement votre code, et d'autres outils inclus dans les éditeurs de texte simples ne sont souvent pas disponibles. comme Notepad++.

Cliquez sur le menu Démarrer (ou le menu de la fenêtre) et recherchez les correspondances « Python » pour démarrer IDLE. Étant donné que Python propose plusieurs interfaces, vous découvrirez peut-être certaines similitudes, alors assurez-vous de démarrer IDLE.

Votre premier programme

"Bonjour le monde!" est un exemple intemporel de premier programme. Suivons la convention. Entrez après avoir tapé :

"Bonjour le monde!" est imprimé.

Le monde peut désormais être à votre portée, même si cela ne semble pas grand-chose. Répétez bonjour. Rejoignez-nous pour la prochaine conférence sur l'exécution et l'enregistrement de fichiers dans IDLE.

Formats de données

Les variables en Python peuvent stocker des valeurs de différents types de données, parfois appelées types de valeur. Les types de données les plus courants sont les suivants :

- Les entiers comme 1, 2 et 3 sont appelés entiers (int).
- Flotteurs : nombres décimaux tels que 3, 14, 2, 718 et 1,61 80 339
- (str) Chaînes de chaînes comme « bonjour » et « monde »

- (bool) Valeurs booléennes : valeurs vraies ou fausses pour la logique
- La méthode type() peut être utilisée pour déterminer le type d'une variable :

- print(type(x)) # imprime cl x = 5

Nombres entiers

En fait, il n'y a pas de limite de longueur pour les valeurs entières dans Python 3. Bien sûr, comme tout le reste, il est limité par la quantité de RAM disponible sur votre ordinateur, mais sinon un entier peut être aussi long que vous en avez besoin :

>>> imprimer (123123123123123123123123123

123123123123123123123   +   1)
123123123123123123123123123
123123123123123123124

Python considère la séquence de chiffres décimaux suivante comme un nombre décimal :

```
>>> imprimer (10)
dix
```

Créer des paramètres

En Python, vous pouvez créer une nouvelle variable en attribuant une valeur à une variable existante à l'aide de l'opérateur d'affectation (=). Le nom de la variable peut être constitué de n'importe quelle combinaison de lettres, de chiffres et de traits de soulignement, mais un chiffre ne peut pas être le premier caractère. Voici quelques exemples d'utilisation de variables Python :

Z est égal à 3,14 lorsque x = 5 et y = « Hello World »

De plus, vous pouvez attribuer plusieurs variables à la fois :

Si x, y et z sont égaux à 5, le message « Hello World » apparaît.

Lors de la nomination de variables en Python, il est essentiel de suivre quelques principes. Les noms de variables doivent être descriptifs et écrits en minuscules (lettres de serpent). Les mots doivent être séparés par des traits de soulignement. Nom de variable est un meilleur nom que nom de variable ou nom de variable. De plus, certains mots en Python ne peuvent pas être utilisés comme noms de variables, tels que : B. si, sinon, Vrai, Faux, Aucun et, ou, pas, etc.

Déplacer les variables

Une fois qu'une variable est configurée, sa valeur peut être modifiée en lui attribuant une nouvelle valeur. Pour illustrer:

x = 5 x = 10

Dans l'exemple précédent, x est d'abord défini sur 5, puis sa valeur est modifiée en 10.

cordes

Les chaînes forment des chaînes. En Python, le type de chaîne est appelé str.

Des guillemets simples ou doubles peuvent être utilisés pour séparer les chaînes littérales. La chaîne contient tous les caractères entre le séparateur de création et le séparateur de fin correspondant :

```
>>> Imprimez « Je suis une chaîne ».
Je ne suis qu'une chaîne.
Tapez (« Je suis une chaîne. »)
'str'class="">
```

```
>>> print("Je suis avec toi.")
Je suis d'accord.
>>> tapez( "Je suis avec toi.")
class'str '>
```

En Python, une chaîne peut contenir n'importe quel nombre de caractères. La seule limitation concerne les ressources RAM de votre ordinateur. Une chaîne vide est également possible :

```
>>> ""
```

Séquences d'échappement de chaîne

Python peut parfois être invité à lire un caractère ou un groupe de caractères dans une chaîne de différentes manières. L'une des deux causes possibles peut être la suivante :

Vous souhaiterez peut-être désactiver l'interprétation unique que reçoivent souvent certains caractères d'une chaîne.

Vous souhaiterez peut-être donner une signification spécifique aux lettres d'une chaîne qui sont souvent considérées comme littérales.

Cela peut être fait en insérant un caractère barre oblique inverse(). Dans une chaîne, une barre oblique inverse indique qu'un ou plusieurs caractères doivent recevoir un traitement spécial. La barre oblique inverse fait que la chaîne suivante « échappe » à sa signification habituelle, c'est pourquoi on appelle cela une séquence d'échappement.

Voyons comment cela fonctionne.

Quelles sont les cinq méthodes de calcul ?

Multiplication * Multiplie un opérande par l'autre. Division / Divise le premier opérande par le second. Addition + Ajoute un opérande à un autre. Soustraction – Soustrait le deuxième opérande du premier

Modulo % renvoie le reste après avoir divisé le premier et le deuxième opérande INTEGER.

Commentaire: Que sont-ils et comment fonctionnent-ils en Python ?

Les lignes de code marquées d'un commentaire en Python sont ignorées par l'interpréteur lors de l'exécution du programme. Les programmeurs peuvent mieux comprendre le code en ajoutant des commentaires qui le rendent plus facile à lire. Une seule ligne peut être utilisée pour les commentaires en Python, qui prend en charge trois types différents.

Quelles sont les trois instructions conditionnelles de Python ?

Exemples d'instructions If en Python : comment utiliser le conditionnel...
Les éléments de base de la programmation sont des instructions conditionnelles (if, else et elif) qui vous permettent de contrôler le déroulement de votre programme en réponse à des situations spécifiques. Ils vous donnent la possibilité de prendre des décisions au sein de votre programme et d'exécuter d'autres codes en fonction de ces décisions.

Comment créer une condition if/elif/else en Python ?

IF...ELIF...ELSE Instructions Python

Exemple. #!/ usr /bin/python var = 100 Si var est égal à 200, affichez "1 - Got a true expression value", si var est supérieur ou égal à 150.elif var == 100 : imprimez "3 - Got on obtient la vraie valeur." expression value" print var else: print "4 - Mauvaise valeur d'expression" print var print "Au revoir!" print var print "2 - a obtenu une vraie valeur d'expression"

Que réalisent les boucles Python for ?

Les boucles For permettent de répéter une section de code un nombre spécifique de fois. Les boucles For sont souvent utilisées avec des objets immuables tels que des listes et des plages. Le bloc est exécuté chaque fois qu'un Python pour Express parcourt les éléments dans une séquence dans l'ordre chronologique.

Comment indenter une section de code dans Python Pharm ?

Dans l'éditeur, appuyez sur Ctrl Alt 0I pour sélectionner le morceau de code requis. Allez dans Éditeur | Style de code dans le menu Paramètres (Ctrl Alt 0S) si vous devez modifier les paramètres d'indentation. Sous l'onglet

Tabulations et retraits de la page de langue appropriée, sélectionnez les options d'indentation requises, puis cliquez sur OK.

Python doit être indenté de deux ou quatre espaces.

Le langage ne spécifie pas la quantité d'indentation dans un niveau, celle-ci peut donc varier d'un bloc à l'autre. Cependant, chaque bloc doit être en retrait d'un niveau par rapport au bloc qui le précède. L'interprète est content tant que chaque bloc est cohérent. Nous utilisons normalement quatre emplacements par niveau.

Opérateurs de raisonnement

Les opérateurs logiques (Vrai ou Faux) sont utilisés pour les expressions conditionnelles en

Python. Ils effectuent des opérations telles que ET logique, OU logique et NON logique.

DESCRIPTION DE L'OPÉRATEUR LOGIQUE ET SYNTAXE ET : Vrai si les deux opérandes (x, y) ou logiquement vrais. OU : Si l'un des opérandes (x ou y) est vrai, le résultat est vrai. NOT : Si l'opérande n'est pas x, il est vrai.

Gestion des erreurs Python

Vous pouvez utiliser le bloc try pour rechercher des erreurs dans un bloc de code.

Pour corriger l'erreur, le bloc « esless » peut être utilisé.

Vous pouvez toujours exécuter du code en utilisant le bloc final quels que soient les résultats des blocs try et exclusifs.

Modification des instances

En cas d'erreur ou d'exception comme nous l'appelons, Python se ferme souvent et affiche un message d'erreur.

Certaines exceptions peuvent être gérées avec l'instruction try :

Exemple : dépenser de l'argent sur un serveur Python.

Le bloc try provoque la levée de l'exception car x n'est pas spécifié :

Essayez d'imprimer x sans la phrase "Une exception s'est produite".

Puisque le bloc try a généré une erreur, le bloc except est exécuté.

Sans le bloc try, le programme plante de manière incorrecte et affiche un message d'erreur :

Exemple

Cette affirmation ne peut pas être vraie car x n'est pas défini :

imprimer(x)

Que comprend la gestion des fichiers Python ?

En plus de créer, ouvrir, ajouter, lire et écrire, Python prend également en charge...

La gestion des fichiers est une tâche régulière lors de la programmation. Les méthodes intégrées de Python pour générer, ouvrir et fermer des fichiers facilitent la gestion des fichiers. Lorsqu'un fichier est ouvert, Python autorise également diverses actions sur le fichier telles que la lecture, l'écriture et l'ajout de données.

Quelles sont les opérations sur les fichiers Python ?

1. Utilisez la méthode open() en Python pour ouvrir un fichier en mode « r », ce qui signifie qu'il est disponible en lecture uniquement.

Le mode « w » indique que le fichier est accessible en écriture uniquement.

La sortie de ce programme est ajoutée à la sortie précédente de ce fichier, comme indiqué par le mode « a ».

Modules pour Python

Si vous souhaitez que votre code soit bien structuré, il est logique de commencer par regrouper les codes similaires. Un module est essentiellement un groupe de lignes de code associées stockées dans un fichier .py. Dans un module, vous pouvez décider si vous souhaitez définir des variables, des classes ou des fonctions. Le code exécutable peut être facilement intégré aux modules.

Par exemple, écrivons une fonction pour accueillir de nouveaux étudiants dans un cours spécifique :

Définition de l'impression. Message de bienvenue (cours)(« Nous sommes ravis de votre intérêt pour notre cours « + cours + ». Vous

recevrez sous peu un e-mail avec toutes les informations.
Nous enregistrons ce code dans un fichier appelé Welcome.py afin qu'il puisse être inclus dans le module de bienvenue.

Nous devons d'abord importer le module correspondant via la ligne d'importation avant de pouvoir utiliser ce code dans notre application. En appelant la fonction avec le module, nous sommes alors prêts à utiliser une fonction spécifiée dans ce module. Syntaxe de la fonction() :

Bienvenue à l'importation, bienvenue. Message de bienvenue « Python Basics Part 1 ».
sortir
Nous apprécions votre intérêt pour notre cours « Python Basics Part 1

». Vous recevrez sous peu un e-mail avec toutes les informations.

Paquets pour Python

Lors de la création d'une application volumineuse, vous pouvez créer de nombreux modules différents difficiles à gérer. Dans cette situation, vous gagnerez à regrouper et structurer vos modules. C'est là que les packages entrent en jeu.

Essentiellement, les packages Python sont des collections de modules dans un répertoire. La structure hiérarchique de l'espace de noms du module est prise en charge par les packages. Nous pouvons organiser nos modules en packages et sous-packages de la même manière que nous organisons nos données sur un disque dur en répertoires et sous-dossiers.

Un répertoire doit contenir le fichier _init_.py pour être considéré comme un package (ou sous-package). Le code d'initialisation du package associé est souvent inclus dans ce fichier.

Par exemple, nous pouvons regrouper les modules de notre projet de science des données dans le package « Mon modèle », comme indiqué ci-dessous :

Les modules, packages, bibliothèques et frameworks Python ont des propriétés différentes.

En utilisant la notation par points, nous pouvons importer des modules spécifiques de ce package. Par exemple, pour importer le module d'ensemble de données à partir du package ci-dessus, l'un des extraits de code suivants peut être utilisé :

L'ensemble de données pour entraîner mon modèle

Que sont les classes et les objets dans la programmation Python orientée objet ?

Pour créer des objets, Python permet de déclarer des classes comme n'importe quel autre langage orienté objet. Les types de données les plus populaires en Python, tels que les chaînes, les listes, les dictionnaires, etc., sont des classes Python intégrées.

Une classe définit un type spécifique d'objet via un groupe de méthodes et de variables d'instance associées. Une classe peut être comparée au modèle ou au plan d'un objet. Les termes attribués aux variables qui composent une classe sont appelés attributs.

Un objet est une instance d'une classe avec un ensemble spécifié d'attributs. Ainsi, un nombre illimité d'objets peuvent être créés avec la même classe.

Créons une classe appelée Book pour le logiciel de vente utilisé par les libraires.

Lui-même. titre = titre lui-même. Quantité = quantité classe livre : def __ init _ _(soi, titre, quantité, auteur, prix)

Lui-même. L'auteur est le même que l'auteur lui-même. Le prix correspond aux coûts.

Quelle est la différence entre le script et la programmation ?
Les langages de programmation sont utilisés pour créer des applications logicielles énormes et complexes telles que des systèmes d'exploitation et des logiciels d'entreprise, tandis que les langages de script sont utilisés pour des tâches plus simples. Ils sont également utilisés dans la création d'utilitaires système et de pilotes de périphériques, qui sont des logiciels de niveau inférieur.

Style de codage PEP8 : qu'est-ce que c'est ?

Apprenez à écrire du code Python époustouflant avec PEP 8 - True Python

PEP 8 recommande de limiter les lignes à 79 caractères. En effet, il permet d'ouvrir plusieurs fichiers en même temps et empêche les sauts de ligne. Bien entendu, il n'est pas toujours pratique de limiter les revendications à 79 caractères ou moins. Les méthodes permettant aux instructions de s'étendre sur plusieurs lignes sont décrites dans PEP 8.

Quelle est la lisibilité d'un code ?

Premièrement, le code doit fournir le résultat attendu et deuxièmement, il doit être facile à comprendre pour les autres développeurs. Ce sont les deux principaux critères de lisibilité du code. Un code propre est comme une tasse de café propre ; S'il est sale, personne ne voudra le nettoyer à votre place pour que vous puissiez l'utiliser.

Pourquoi utiliser des outils de débogage ?

Lorsque des erreurs se produisent, il peut être difficile d'identifier et de résoudre le problème. L'utilisation d'outils et de techniques de débogage accélère la résolution des problèmes et augmente le rendement des développeurs. Cela améliore à la fois la qualité du programme et l'expérience de l'utilisateur final.

Quelles sont les quatre étapes de débogage ?

Deux expériences d'étudiants soigneusement surveillées ont abouti à un modèle de comportement de débogage en quatre étapes : comprendre le système, le tester, trouver le problème et le résoudre sont les trois premières étapes.

Qui développe et exécute généralement les tests unitaires ?

développeur

Parce qu'ils sont écrits sous forme de code résidant dans la base de code aux côtés du code de l'application testé, les tests unitaires sont souvent générés par les développeurs pendant la phase de développement d'un projet. Il existe plusieurs frameworks pour gérer et exécuter des tests unitaires que les développeurs peuvent utiliser.

Python est-il utilisé pour le développement Web ou la science des données ?

Apprendre Python pour le développement Web vs Python pour la science des données. La programmation Python pour le développement Web nécessite que les programmeurs se familiarisent avec une variété de frameworks Web tels que Django qui peuvent les aider à créer des sites Web, tandis que l'apprentissage de Python pour la science des données nécessite que les data scientists se familiarisent avec les expressions régulières, commencent à utiliser des bibliothèques universitaires et maîtrisent les données.

Quels sont les cinq principaux principes de la science des données Python que vous devez connaître aujourd'hui ?

Python Data Science : 5 idées clés que vous devez comprendre...

Python Data Science : 5 idées clés que vous devez comprendre maintenant : Big Data, IA, Machine Learning, bases de données et programmation.

Où est la communauté Python ?

Vous pouvez trouver les forums officiels de la communauté Pi sur discussion.python.org. Veuillez visiter la page de la communauté locale Python Wiki si vous recherchez des forums ou des tableaux supplémentaires dans votre langue maternelle.